백년 만에 오시는 비

시산맥 해외기획시선 003

백년 만에 오시는 비

시산맥 해외기획시선 003

초판 발행 | 2017년 7월 31일

지 은 이 | 권귀순
펴 낸 이 | 문정영
펴 낸 곳 | 시산맥사
편집주간 | 김광기
편집위원 | 안차애 이성렬 전해수 정재분
등록번호 | 제300-2013-12호
등록일자 | 2009년 4월 15일
주　　소 | 110-350 서울특별시 종로구 율곡로 6길 36, 월드오피스텔 1102호
전　　화 | 02-764-8722, 010-8894-8722
전자우편 | poemmtss@hanmail.net
시산맥카페 | http://cafe.daum.net/poemmtss

ISBN 978-89-98133-89-4 03810

값 9,000원

* 이 도서의 국립중앙도서관 출판시도서목록(CIP)은 서지정보유통지원시스템 홈페이지(http://seoji.nl.go.kr)와 국가자료공동목록시스템(http://www.nl.go.kr/kolisnet)에서 이용하실 수 있습니다.

백년 만에 오시는 비

권귀순 시집

*본문 페이지에서 한 연이 첫 번째 행에서 시작될 시에는 〈 표기를 한다.

■ 시인의 말

얼음이 풀린 어느 봄날
창문으로 내려다보이는 인공호수에
쪽배를 타고 들어간 이가 있었다
겨우내 잠들었던 분수를 깨우려고
그의 손끝에서
힘차게 허공으로 날아오르는
기쁘디 기쁜 흰 물줄기

내게로 쪽배를 타고 노 저어와
오래 묵어 빛바랜 시들을 실어내준 이여
미안하고 감사한 마음 사랑에 실어
병상의 그대에게 전합니다.

2017년 7월
권귀순

■ 차 례

1부

2부

3부

1부

물에서 피다

꽃차봉지를 열고 말린꽃을 꺼낸다
꽃잎마다 눈을 쓸어 감긴 듯
단단히 걸어둔 겹겹의 문
적막을 물에 넣는다
환히 반기는 물
적막을 깨우려고 가만가만 쓰다듬는
물의 자애로운 손
잔뜩 오므린 꽃잎을 부드럽게 핥아주는
물의 둥근 입
잠긴 기억의 빗장을 풀어보려고
소곤소곤 이름 불러주는데
방싯대며 나풀거리며
사부작, 사부작 물의 품에서 눈을 뜨는
재스민이 피어난다, 노랗게 피어난다
내 안에도 저런 물이 있다면
사랑도 시들기 전 꽃인 듯 말려두었다
다시 피웠으면 싶은데
생각을 툭, 치며 흩어지는
아, 재스민 향기

눈부신 붕대

사각사각, 가위질 소리, 마름질하는 소리
누가 붕대를 지어 세상 아픈 데를 겹겹이 싸매네요
단풍나무, 회화나무, 버즘나무, 박태기나무
팔뚝에 흰 붕대를 감았어요
내 상처도 데리고 나가면 싸매줄까요

눈은 내려서, 내려서는 쌓이는데
화롯가에 두런두런 말소리 익던 밤 아이는 화롯불에 손을 데었지요
아버지는 손에 붕대를 감아주고 보채는 아이 창가로 데려갔어요
마당에서 눈을 받느라 팔 벌리고 서 있는 모과나무
아이는 그만 홀린 듯이 마음 빼앗겼고요

저기, 젊은 아버지가 눈발 속에 붕대를 들고 서 있네요
제 살 풀어 아픈 세상 동여매는 눈부신 붕대사이로
아, 아버지가, 아버지가 사라져가요

사각사각, 가위질 소리 자정을 넘기는데

비의 등

젖고 있는 엠파이어스테이트빌딩
그 아득한 전망대에 올라서야
비의 등을 보았다
먼 불빛 끌어다 등에 업고는
바람이 떠미는 대로
이리 한 획, 저리 한 획
어둠에다 획을 긋는 빗줄기
누가 불러주는 말씀을 받아 적고 있나
그의 필법을 도무지 읽을 수가 없다
무슨 전언을 지상에 보내려고
저토록 간곡한 몸짓으로
캄캄한 허공을 밟고 있나
붓질을 비추려고 글썽이는 불빛 업고는
글을 쓰느라 엎드린 저 등
지상에는 없고 허공에만 있는
저 비의 등

고요의 속

강물이 바다를 만나는 곳에 갔었다
강물은 언제 우나
저를 바다에 주어버리면서
흔적도 경계도 없이 고요하기만 하네
저 고요의 발에는
물갈퀴가 있다고 해야 하나
물 위에 유유히 떠 있는 물오리처럼
고요만 떠오르게 하고는
강물 깊은 곳에서는 울고 있다고 해야 하나
잔잔한 어머니가
어둠 속에서 몰래 울던 것처럼
모든 평온에는
안 보이는 물갈퀴가 있다고 해야 하나
강물 속을 들여다봐도 귀 기울여 봐도
고요의 속은 알 수 없네
아무 일도 일어나지 않은 것처럼
고요의 속은 들리지 않네

등 푸른 물고기

어물전 얼음상자에 등 푸른 물고기가 누워 있다
시들지 말라고 채워 넣은 얼음 속에서
바다보다 더 푸른 등
파도를 헤엄칠 때 박힌 물결이
흰 깃을 치며 일어날 듯도 하다
저렇게 시린 등을 본 적이 있다
누이 잃고 몸부림치던 네가 저 물고기와 같았다
슬픈 날개처럼 비늘이 돋아
허공을 휘저으며 헤엄치는데
수만 번 파도의 매를 맞아 등이 푸른 물고기처럼
세상회초리 무시로 후려치고 가
푸르게 멍든 등
겨울바람 울고 가는 육교 밑에서
상한 지느러미 흔들며가는 너를 보았다
그늘 한 섬 지고 가는 푸른 등을 보았다
사람이 제 등은 못 보고 왜 남의 등만 보게 했는지
너를 지켜보며 알았다

그 소사나무 숲으로

옹진군 영흥도 십리포 마을에 가면
굽고 뒤틀리며 늙어가는 소사나무 있다는데
거친 바닷바람 몸으로 막아 십리포 마을 지켜주느라 처절한 몰골 되었다는데
나 오늘 물어물어 길 떠나 그 소사나무 숲으로 가보고 싶네
몸부림친 흔적, 굳은 상처 하나하나 만져보고
얽히고 헝클어져 스스로의 길을 만든
나무의 울음도 만나고 싶네

소사나무 한 그루 저기 느릿느릿 걸어오시네
꺾인 허리 지팡이에 기대 쓰러질 듯 걸어오시네
급류가 쓸고 간 지층, 얼굴 가득 패인 주름골짜기로
출렁, 파도일 것도 같은데
식솔들 가난한 밥상 차리느라 그 허리는 얼마나 많이 굽혔다 일어나곤 했을까
흔들바람 헤쳐 목숨처럼 식솔들 지켰을
간난이, 막순이, 언년이, 이쁜이---
그 흔한 이름조차 갖지 못해 그저 노파라 불리는

〈

소사나무 숲에서 나와 숲으로 들어가시는
한 그루 거룩한 소사나무여
나 오늘 내 이름을 말하지 못하네

그늘 공양

쐐기풀밭 건너서 돌아오는 저녁나절
그늘을 지어놓고 자작나무가 기다리네
밥 한 그릇 묻어두고 마중 나온 엄마처럼
그늘 한 사발 고봉으로 담아들고 기다리네
흔들리는 잎 어눌하게 건네는 말 같기도 해
오소소 내 귓가에 소름이 돋고
세상에는 아직 위로가 남아 있어
쐐기풀에 쏘인 발등에 촉촉한 손이 얹히면
엷은 물기만으로 나는 가슴 뛰네
가는 가지 휘어질 때마다 그늘 쏟아질라
몸이 함께 휘어지는 자작나무
그 공손한 그늘 공양

이슬이 비치다

만삭의 그녀에게서 문자가 왔다
–이슬이 비쳤어

이슬이 비친다
젖고 스미는 이 말
맨 처음 지은 사람의
울음 빛 마음이 만져진다
이 아름다운 상징에는
어렴풋한 슬픔이 묻어 있다

아기가 세상으로 오기 전
처음 보낸 전언이
이슬이라니
풀잎에 맺혔다 스러지는
이슬이라니
이슬로 왔다 갈 것을
아기는 이미 안다는 걸까

물에 있는 아기가 물로 보낸 말
이슬이 비친다

깨어진 꽃병

그때 어떻게 그녀가 떠올랐을까
깨어진 도자기를 수습해가면 감쪽같이 복원해놓는 신기의 그 손
산산이 마음 깨어진 날 나는 가네

목이 긴 꽃병을 유리장 안에 넣던 여자에게
–내 꽃병도 수선될까요?
나는 묻고 돌아보는 여자의 눈에서 반짝이는 꽃잎을 보네
–조각들은 다 모아왔나요?
바람이 서늘하게 꽃잎을 흩어놓고 나는 주춤거리네
–그게---한 조각을-- 못 찾았어요,
더듬거리는 내 말을 여자가 찬찬히 맞추어 듣네
조각을 찾아 붙이고 그려 넣고 바랜 색을 만들어 입히느라 지문이 닳아진 손끝으로 벌써 마음을 더듬고 간 걸까
–그걸 찾아와야 해요
장식접시의 부서진 무늬를 고르며 무심한 듯 말하는 여자 어깨 위로 꽃잎이 날아다니네

〈

그걸 대체 어디서 찾아오나
겨울에 한 말이 얼어붙었다가 다음해 여름에야 녹아 사람들이 겨우 들었다*더니
내가 잃어버린 한 조각은 어디서 얼어붙은 걸까

그녀 뒤로 꽃병의 푸른 무늬가 보이네
깨어진 마음도 혼을 넣어 깁는다면 저 꽃병처럼 기운 데가 어딘지 알아볼 수 없을까
유리창 밖에는 유난히도 붉은 노을
구멍 난 하루를 깁고 있네

*플루타르크의 Moralia

화살 한 채

우연히 들어선 베데스다 골목길
나지막한 공공의 집 푸른 잔디를 딛고
직립한 화살 한 채
연분홍 화살촉 아래 화살대에는
후박나무 잎사귀만 한 방이 위아래로 두엇
책 몇 권씩 고요히 들어계신다
오가는 이 가져다 읽고 되돌리라고
작은 집 한 채 지어놓았느니
직립의 자세는
박히면 사랑에 빠진다는 그 화살처럼
과녁으로 날아가고 싶은 욕망
책 한 권 등에 업고 날아가
사랑의 마법을 걸어보겠다는 듯
활시위를 팽팽하게 당겨보는 화살
몸은 금지되고 손만 드나들 수 있는
세상에서 가장 작은 무인책방

백년 만에 오시는 비

백년 만에 오시다니
기별도 없이 오시다니
하얀 맨발로 내 정수리를 딛고
불붙는 뺨을 지나
타는 입술, 목덜미, 가슴과 발끝까지
단내 나는 불모의 땅을
빗줄기를 몰고 뛰어다니시네
백년 만에 오시다니
우르르, 우르르 쾅쾅, 오시다니
내게로 스며드는 빗방울
시든 뼈, 잠든 혈맥 흔들어 깨우고
내 몸 밖으로 마른 꽃씨 툭툭 터뜨려
열 손가락에서, 열 발가락에서
왁자지껄 꽃들을 피우시네
내 이름을 부르는 천둥 같은
너의 목소리
백년의 긴긴 잠을 깨우시네
너의 물길이 세상을 바꾸시네
백년 만에, 백년 만에 오시다니
데스밸리*에 맨발로 오시다니

*죽음의 계곡, 캘리포니아 주 LA 동북쪽에 위치한 국립공원.

꽃을 그린 여자

아직도 꽃을 보면 손마디가 아프다
꽃을 감당하지 못해 목을 꺾은 꽃대처럼
첫 마디마다 안으로 꺾인 열 손가락

낯선 캘리포니아로 떠밀리듯 흘러와
맨 처음 여자는 꽃을 그렸다
두 줄 캔버스를 세워놓고 무희처럼 뛰어다니며
여자가 손을 나부끼면 거기 붉은 꽃잎이
팔을 뻗으면 푸른 잎이 돋아났다
뛰면서 붓질해도 제자리에 잘도 찍히는
꽃잎, 꽃대, 이파리들
트럭에 그림을 옮길 때면 놓치지 않으려고
힘껏 움켜쥐던 손
무거운 삶을 휘어잡느라 손마디마다 꺾였다
얼마나 많은 꽃을 그려야 아이들 데려올 수 있을까
흘러내린 물감이 신발 위에 덧신을 지어
족쇄처럼 무거워도
한바탕 꿈인 듯 지나갔으면
그 여자는 화마[畵魔]에 잡힌 듯 꽃을 그렸다

〈

꺾인 손마디 욱신거려 잠 못 드는 밤
흰 벽에 걸린 그림 앞에 마주서면
화가를 꿈꾸던 때 그 풋풋한 여자가
붓을 들고 거기 서 있다

위풍당당

흩어진 꽃잎처럼
나무 밑 차창에 점점홍, 점점홍

새는 벌써 날아가고
열매를 닮은 붉은빛만 흩뿌려놓았네

허공에서 거침없이 배설하는
그 위풍당당

꽃에서 자란 벌레는 향기가 나고
새들도 자연을 닮는데

꽃 자줏빛으로 나도 한번 해보고 싶은
그 위풍당당

맥문동 꽃이 그늘에서 웃고

웃음

그의 얼굴 가득 파문이 일었다

한 물결이 달려 나오고
덩달아 따라 나오는 물결, 물결들
어깨를 들썩이며 출렁이는 것

저 환한 출렁임은 어디서 오나

누구의 마음으로나 강물 하나씩은 흘러
넘치는 물결을 보낸다고나 할까

둑이 터져 물이 넘치듯
마음을 터트려 넘친다고나 할까

저 수문은 누가 열었다 닫았다 하나

웃고 있는 저 사람 얼굴이 강물
물결이 파다하다

간절한 손

밭에서 뽑아 올린 무가 사람처럼 다섯 손가락을 달고 나와 손바닥 활짝 펴들고 있다
누군가의 손을 잡아주려는 듯, 어서와 잡으라는 듯
움켜잡지 않고 다 내어주겠다는 손바닥
못 자국 선명한 손도, 부처의 자비로운 손도 아닌
뭉툭하고, 두툼하고, 큼지막한 손
손봐줄 인간이 너무 많아 불쑥 손 달고 나왔나
나무가 허공으로 무장무장 손을 내밀어 새들의 집이 되고 벌레의 집이 되듯이
외로운 상처를 받아내려고 손이 되어 나왔나
허물어진 텃밭 지나던 배고픈 이가 몰래 무를 뽑아
시린 달빛에 씻어 우적우적 베어 먹을 때
허기진 속 훑고 지나가는 쓰린 배 만져주려고
캄캄한 흙 속에서 부지런히 손가락을 빚은 것일까
손이란 본디 마음을 대신하는 간절한 무엇
간절함에 대해 말하고 싶은 이가 흙이 된 손으로 흙 속에서 농사를 지은 것일까
흙에서 나온 손을 오래 들여다본다

균형

무릎 꿇고 엎드려야 보이는 세상 있다

잔디밭에 쪼그려 앉아 놓친 실반지를 찾다가
우연히 마주친 작디작은 세상

새끼손톱만 한 꽃으로 꽃보다 작은 벌 날아와
보이지도 않는 입술을 꽃술 속에 박고는
마냥 꿀을 탐하고 있다

작은 것들이 식솔 거느리고
저희끼리 흔들리며 어깨를 기대며
낮은 세상 살고 있다

대대로 저리 낮게만 살아왔을 작은 족속들
꼿꼿이 머리 쳐들고 살 때는 보이지 않았다

큰 세상 이고 가는 작은 세상
작은 세상 품고 가는 큰 세상
균형이 세상을 이끌고 간다

비의 은유

비에는 내가 걸어둔 소리주머니
젖지 않는 명주주머니가 있다
꽃씨를 받아놓고는 까맣게 잊고 있다가
어디서 라벤더향기라도 풍길 때
꽃씨주머니가 생각나듯이
비가 데려온 명주주머니에서
내가 넣어둔 풍금소리를 꺼낸다
혼자 밤 건너는 강물소리처럼 멀고도 가깝게
끓는 이마와 뜨거운 손목
소리가 짚어주고 가는 것들 많다
빗소리에 섞여 음울하게 나를 적시던,
젖은 새가 나무 품에서 날개를 털듯
내 어린 살과 뼈를 털어
오롯이 소리만 두고 가던,
우리가 하늘방이라 부르던 끝 방에서
밤의 건반을 누르던 희고 긴 손가락
밤 건너는 비에는 풍금소리가 있고
풍금을 치는 누가 있다

발을 씻기다

그의 발에선 나무냄새가 난다
숲을 건너온 사람처럼 젖은 나무냄새가 난다
여자는 무릎을 꿇고 남자의 고단한 발을 물에 담그며 잠시 생각한다
그 저녁 제자들 발에선 바다냄새가 났을까

발등으로 이리저리 흘러간 푸른 핏줄
그가 헤맨 길들을 따라나선 잔뿌리 같다
전 생애 바쳐 제 가지를 받들고 지키느라 부르트고 해진 발
굳은살이 험하게도 박인 흰 뿌리
그 뿌리가 매일 물을 길어 나르고
그 뿌리가 흔들리는 삶을 떠받쳤다
금간 복숭아 뼈 싸매고 절룩이며 돌아오던
이내처럼 먼 서러움 그를 지나가던 저녁 말고는
어느 담벼락에 기대 한가로이 쉬어보지도
눈먼 울음 한번 울어보지도 못하였다

나무냄새 깊은 발을 씻기며
미안하다, 미안하다 울먹이는 여자의 손이
저녁의 발을 위로한다

나비들의 춤

어지러운 눈발을 따라나섰다가 나는 그만 아득해져 길을 잃었어
눈발 간 데 없고 천지간 수 만 마리 나비, 나비 떼
쓰러진 나무를 둘러싸고 춤추는
저, 저, 흰 나비 떼

나비들이 군무를 추고 있어
허공으로 솟아올랐다 내려오는 나비들의 춤
잠든 나무를 깨우려고 이름을 부르는지

폭설 내리던 추운 밤이었어
길을 잃고 헤매다 응답 없는 전화기를 움켜쥔 채 동사한 사람
그의 통화기록에는 닿지 못한 전화번호가 언 발자국처럼 찍혀 있었어
나비는 끝내 오지 않았어
슬픈 기억은 물풀 같기도 해 물결 따라 흔들리기도 멈추기도 하지
이젠 아무도 그 밤을 기억하지 않아

〈

나무는 아직 깨어나지 못하고 나비들 춤은 그칠 줄 몰라
날개를 빌려달라고 나는 말하지 못했어
겨울삼나무 숲으로 하염없이 눈은 내려 더 많은 나비를 데려오는데

2부

처음 냄새

엄마, 눈이 오시려나봐
바다냄새가 나요
그 아이가 눈 감고 숨 깊이 들이쉬면
긴 듯 아닌 듯 바다냄새 설핏 묻어오고

엄마, 바다냄새가 나요
그 아이가 한밤중 귓가에 속삭이면
꿈처럼 환한 창밖에는
흰 눈 난분분[亂紛紛], 난분분[亂紛紛]

아이는 어떻게 예감하나
양수 속을 헤엄칠 때
아이 몸으로 스며들던 첫 향기
그 물의 향기를

태어나는 것들은 양수가 고향이어서
떠나온 곳의 향기를 지니고 온다지만
아이는 어떻게 그 기억을 길어내나

엄마, 바다냄새가 나요
눈이 오시나봐

누가 목련나무를 심고 있네

늦은 저녁 허공에다
누가 목련나무를 심고 있네

먼 데서 내려오는 눈들이
목련가지를 딛고 시린 맨발 잠시 내려놓으라고
목련나무는 어지러운 눈발 속으로
가지를 자꾸만 내어주네

저 허공에다 쉬지 않고
누가 목련나무를 심고 있네

목련을 하나하나 심고서
그이가 떠난 깊은 허공에는
목련다리가 놓이네

내리던 눈발들이 서로 부르며 손짓하며
눈이 눈을 업고, 눈이 눈을 안고
글썽이며 목련다리를 건너오네

하얀 발을 서로서로 포개고

상한 발이 언 발을 다독이며
목련꽃이 건너오네

향나무상자 속 울음 하나

상자를 열고 가는 목걸이를 집는데
섬세한 사슬이 흔들리며
브로치에 달린 작은 핀을 건드렸다
문득 그가 울었다
작은 현의 울림처럼
외로운 음 하나 툭, 떨어트리듯
가냘픈 은빛 몸을 떨며 울었다

순간에 사라지는 그 짧은 울음
향나무 냄새 나는 울음

그도 우는 법을 알고 있구나

일생에 단 한번 운다는
가시나무새는 죽을 때 울고 간다는데
누구도 우는 법을 잊지 않는다
슬픔은 마음에서 시작되지만
울음은 몸이 먼저 알기 때문이다
존재는 모두 우는 법을 알고 있다

지하방에서

자정 넘으면 빗소리 들을까
비가 건네는 말소리 들을까
여기선 소리가 들리지 않아

그의 귀는 달팽이관을 닫고
림프는 파도를 일으키지 않아

천개의 귀를 가진 나무는
그 많은 잎사귀를 어디다 쓸까
귀 하나 이 방에 빌려 주렴

지친 울음소리가 밤을 건너도
여기선 들리지 않아

오늘밤엔 소리경전을 읽을 거야
그에게는 소리받이가 없으니
글자도, 부호도 찍혀 있지 않은

적요한, 적요하기만 한
거기다 적어 넣을 거야
소리가 들리지 않아

리히텐베르크 무늬

낙뢰를 맞은 사람 몸에는 무늬가 남는다고
섬광 같은 낙뢰가 고스란히 몸에 들어와 박히는

우린 그걸 리히텐베르크 무늬라 부른다

앓고 있는 너를 보러 갔다
물에 살던 기억을 안으로 잠근 채
물기 시든 조약돌처럼 너는 웅크리고 있었다

삶의 번개가 마음을 찢고 남겨놓은
지워지지 않는 무늬

네 흉터에 닿아보려고 안으로 들어가고 싶었다
그 저녁에 이르면 무늬가 지워질까
너는 묻는 것도 같았다

앓고 있는 너를 두고 오면서
삶에는 번개도 많아 나도 번개를 맞았다고
절망이 아무리 깊어도 바닥은 있다고
너에게 말하지 못하였다

외등

슬픈 친구를 배웅한 날
동행하지 않은 슬픔이 나보다 먼저와 기다리고 있네
슬픔은 슬픔끼리 안다고

불현듯 눈 내리고
눈발 속에 홀로 선 외등 하나
동백나무 어둔 잎 뒤집어 보고 목련을 쓰다듬어보고
눈발에 지워지는 불빛을 닦기도 하네

붉은 스웨터를 입고 책상 앞에 앉아
책을 읽던 그는 없고
이층 통유리문 안에 남겨진 마음인 듯
비스듬히 돌아앉은 빈 의자만 물을 보고 있네
그가 바라보았을 호수는 얼음 풀리고 분수도 잠 깼는데
겨울 가고 봄이 와도 그는 보이지 않네

어디로 떠났을까
외등만 밤마다 찾아와 슬픔에 손 얹고
비어 있는 의자에 오롯이 불빛 던지다 가네

그믄 여자

중환자실 문이 열릴 때마다 소스라칠 듯 동그랗게 열리는 그 여자의 창
간절하게 애원하듯 순식간에 열렸다 스르르 닫친다
누군가를 온몸으로 기다리는 그 여자
사는 일은 기다림이라고 말하던 때 엊그제 같다
구멍 난 흙벽 바르고 군불 지피고 담 밑에 봉숭아를 심던 엊그제
방탄유리 속에서 밥을 벌고 아이들 가르치고 방탄유리 벗어날 꿈을 꾸던 엊그제
한 기다림이 다른 기다림에게 서늘한 마디를 넘기던 그 시린 엊그제
폭설을 견디는 나무가 제 가지를 툭, 툭, 부러트리며 울던 밤에도 그 여자는 창을 열어놓았다
나무울음 사이로 눈발 건너오는 발소리 들릴까하고
그러나 이제 창을 닫아줄 때라는 걸 안다
기다림이 업이던 그 여자 기다릴 시간이 없다는 걸 안다
달이 이울듯이 그 여자는 이울어
기다림을 들여놓은 마음이 쿵, 무너진다
그 여자는, 그 여자는 그믈었다

이너하버 하스피탈 중환자실에서 그 여자의 기다림도
마침내 그믈었다
한 잎의 눈송이처럼 나풀나풀, 나-풀-나-풀

장엄한 잠

드높은 가지 끝에 핀 꽃송이처럼 보였다
어둠을 한참 들여다보니 잠든 새 떼였다
잠도 무리 지으면 저리 장엄해지나
나는 참나무 숲으로 선뜻 다가가지 못하였다

새들의 잠이 장엄했으므로
장엄한 것이 슬펐으므로

새들은 먼동 트는 새벽 일어나
노 젓듯이 날개를 저어
어둑한 하늘로 떼 지어 나갔을 것이다
하루 종일 먹이 찾아 들판을 헤매다
해질 무렵 어김없이 돌아와
어제처럼 곤한 잠에 들었을 것이다

저 떼까마귀처럼 너무 멀리 날아와
슬픔을 등에 지고 잠든 때 내게도 있었다
새 같은 아이들에게 먹이 물어다주려고
날마다 포토맥강*을 건너던
밤이면 지친 품안에 새끼들 껴안고 잠들던

〈
서러운 것들은 화인처럼 오래 남는다
겨울 지나 새들이 돌아가도
나무는 그 흔적을 지우지 못하듯이

*메릴랜드와 버지니아 경계를 흐르는 강

하늘 아래 첫

그들의 팔은 있다가도 없고요
감추었던 팔이 불쑥 길게 나오기도 해
서로 마주보며 엇갈려 손을 세우는데
잔바람에도 떠는 사시나무처럼
손가락을 떨며, 나부끼며
고 작디작은 거북이 두 마리
물 위에서 희희낙락 유희놀이 하는데
어항 속 작은 바다도 물결을 떠는데
이 놀랍고도 드문 놀이
하늘 아래 처음이라
느린 몸 어딘가에 날렵함을 감추었나
홀연 둘레로 번지는 다사로움
쉿!
보이지 않는 손이 입을 막는데
둘러봐도 아무도, 아무도 없는데
이 그지없는 다사로움에
우표를 꼭꼭 붙여
세상 시름들에 보내고 싶은데
하늘 아래, 하늘 아래 첫

복숭아 열기

붓 끝에 물감을 적시듯
분홍 빰을 눈으로 오래 만지기
내게로 와서는 처음 문이 되고
익어가는 몸에선 맨 나중 닫았을
마지막 문 찾기
하트의 뾰족한 정수리를 겨냥해
한 바퀴 돌아와 마주 여민
맨 나중 문의 빗장 풀기
하트를 연다는 건
가장 깊은 데 비밀스런 문을 여는 일
고인 달빛도, 빗방울도 부서지지 않게
스민 바람도, 노을도 지지 않게
부드럽고 섬세하게
문으로 닿는 여섯 갈래 길을 내고는
조각달을 떼어다 노래하듯
달의 몸에서 한 겹씩 옷을 벗기기
천천히 떨림과 마주하면서
누구의 손길도 닿지 않은
그 첫 마음 열기

마른 풀처럼

늦게 돌아와 굽은 등 뒤에 누우면
네 등에선 마른 풀냄새가 난다

건초더미 한 짐 지고 온 사람처럼
잘 마른 향기를 두르고 너는 잠들어 있다

비를 머금은 풀잎같이 물기 풋풋하던 때
네 등에선 젖은 풀냄새가 났다
금방이라도 물방울이 푸르게 맺힐 듯
너는 늘 젖어 있었다

마른 삶을 적시며 사는 동안
네 몸의 물기는 다 빠져나가
마른 풀처럼 너는 누워 있구나

사랑하며 사는 일이
하루하루 내 몸의 물기를 길어내
서로를 적시는 일이라 해도
마른 풀처럼 누운 네가 나는 서럽다

〈

네 등의 마른 풀냄새를 굳이 향기라 부르는 것은
삶이 시키는 대로 너를 소진시킨
미련스런 그 충직을
내 가장 귀히 여기는 까닭이다

늦게 돌아와 곤히 잠든 등 뒤에 누우면
네 등에선 마른 풀냄새가 난다

빗방울 업기

비 오는 날 강으로 나가면
연푸른 등에 빗방울 업은 아이들이 있네
연한 살이 굳기도 전에 제 딸들에게
업는 법부터 가르치는 강물

그 작은 빗방울을 받으려고
강물은 재빨리 몸 출렁여 물결을 낳으면
어린 물결은 신이 나서
빗방울을 등에 업고 달려가네

검푸른 강물 가득
아기 업고 달리는 누이들이여

아기를 업어 기르던 누이들이 있었네
그 풀빛 등에서
빗방울 같은 아이들이 자라고
밤을 밝혀 미싱페달 밟는 누이들 푸른 발등에서
여린 싹처럼 희망이 돋아나던 때

작은 빗방울이 물결을 일으키듯

누이들이 강물을 일으켜 더 큰 물소리로
강이 울던 때 있었네

나무속으로 들어간 사람

벚나무 아래 나무가위를 들고 서서
그가 가지치기 한수 가르친다

늘어진 가지를 이렇게 잘라주어요
무게를 덜어주는 거지요
덜어낸 만큼 올라가라고요

팔월을 건너는 나무들
달래듯 어루만지듯 가지를 쳐주면서
잎인 것도 가지인 것도 같게
그는 나무속으로 점점 들어간다
그가 나무인지 나무가 그인지

홀연 사라졌다
챙이 넓은 모자도 푸른 옷도
온데간데없이

봄에 꽃 필 때 한번 와요
겹벚꽃이 참 고와요

〈

그의 말소린가
푸른 바람이 나무에 일렁이고
나무 그늘이 짙어지고

울음에 들다
—나이아가라폭포

그의 울음소리는 멀리서도 들렸다
피어오르는 겹겹의 구름기둥에 가려
그는 보이지 않았다

천둥 같은 울음은
세상을 대신 울어주라고
신이 울음 씨를 심어놓은 건 아닐까

사람들은 그의 뒷모습까지 기웃거리고 싶어
등 뒤로 터널도 전망대도 만들어놓았다

푸른 비옷을 입고 배를 타고 다가가
폭우를 맞듯 그의 울음을 맞고 나면
언제 내 속으로 지나갔는지
한바탕 내가 울고 난 것처럼
푸르고 시린 이 떨림

수만의 물이파리 허공으로 날아오르다
흰 비처럼 쏟아져 내리는

〈

그의 울음소리를 잠결에 들었다
울음싸개에 싸여 한밤을
나 흠뻑 젖었느니

천개의 섬

느린 빗속에 길게 누워계셨다
다산한 여인의 저 넉넉한 얼굴

폭포의 큰 울음을 머리에 이고
올망졸망 아래로 섬들을 거느리고
거대한 몸을 누인 채 비를 맞고 있는
온타리오 호수

그녀의 다디단 젖줄이
섬과 도시와 숲, 새들과 물고기를 길렀다
먹이고 품는데 아낌없이 주고도
저리 무량한 얼굴
세상 어미들은 다 안다

식솔 많은 집 비좁은 밥상처럼
까맣게 몸 비벼 앉은 가마우지 떼

작은 섬 하나에 방 한 칸 들여
나도 한번 세 들어 살고 싶다

〈

어미 발치에서 노니는 천진무구한
천개의 섬처럼
나도 그녀의 섬이 되고 싶다

빈집

저문 빛에 물든 망창
망을 움켜쥐고 죽은 풀벌레
얼마나 오래 매달렸기에
속은 비고 얇은 집만 남아
바람에도 부서질 것만 같다

그는 왜 거기와 죽은 걸까
방 안을 들여다보다 미처
돌아가지 못한 건지
살았을 적엔
물기 촉촉한 더듬이와
결 고운 풀빛 날개로
먹이 찾아 풀밭 헤맸을 터인데

바람과 햇볕에 제 속 다 주고
가볍고, 가볍고, 가벼워진

저뭇한 빛에 그가 몸을 붉혔다
너무 가벼워 부끄럽다는 건지
죽음이 미안하다는 건지

〈

벌레의 텅 빈 집이

파르르 떨린다

문에 대한 기억

겨울 오기 전 볕 좋은 날
집 안의 문이란 문 모두 떼어내 말끔히 씻어 말리고
새로 바르는 창호지 사이사이 가을볕도 저며 넣는
아버지의 손놀림은 부드럽고 날렵하다

문 마르는 팽팽한 소리 결마다 바삭바삭 비벼 넣고
봉숭아꽃잎 터지는 소리, 풀밭 건너는 발자국소리는 두 결마다 다박다박 쟁여 넣고
풀벌레 울음이나 피리소리는 서너 결 쉽게 심어놓고
슬픔도 불러와서는 엷게, 아주 엷게 반결쯤
창호지 안에 두루두루 여며 넣는

그 소리들을 대체 누가 연주하나
누가 활을 들어 팽팽해진 문을 달래고 어르며 온갖 소리들을 데리고 다니나
활을 든 손은 도대체 누구의 손이기에
스치는 결마다 그리운 소리로 되살아나나

바람일까, 구름일까, 문에다 귀를 대고 궁리하다 스르르 잠이 들면

아버지는 한 손에 나를 안고 한 손엔 활을 들고
싸륵 싸륵, 싸락눈 내리는 소리를
귓가에 데려다놓는 것이었다

밥 한 송이

엄마의 밥솥에는 밤이면
이팝나무 꽃 하얗게 피어 있었네
꽃잎 하나 흩트리지 않고
봉긋하게 피어 있었네
누가 오면 어쩌나
무얼 들킨 사람처럼 말하는 건
엄마는 기다릴 사람 있던 거라고
누구를 기다린다는 건
캄캄한 밥솥에 환한
밥 한 송이 피워놓는 일이라고
엄마의 한생으로 간절한 고봉밥이
모락모락 피었다가 졌네
무거운 밥솥을 열면 한밤에도
이팝나무 꽃처럼 피어 있던
고슬고슬한 밥 한 송이

3부

이불

자목련나무 아래
집 없는 사람이 한뎃잠을 자네
봄볕 엷디엷어 웅크린 몸 추운데
가만히 내려다보던 자목련나무
이불 한 채 지으시려고
이리저리 몸을 흔드네
상처를 기우러 내려오는
연한 맨발, 맨발들
분홍신을 신은 것처럼
그칠 줄 모르고 춤추는 낙화
상처를 덮어줄 이불을 지으시느라
자목련나무 벌써
한 뼘쯤, 두 뼘쯤 몸이 기울었네
자목련나무 아래
집 없는 사람이 곤한 잠을 자네
꽃이불 한 채 잘 덮고서
문 없는 집에 드는 꿈을 꾸는지
자목련나무 밑이 저리 환하네

봄 별정우체국

야생능금나무 아래 비처럼 쏟아지는
분홍을 손에다 받아들고
봄 별정우체국으로 들어갑니다

우체국 앞에는 능금 같은 우체통 하나 서 있고
나는 꽃그늘에 젖어서
그대를 오래 바라보았습니다

능금꽃이 서러운 건 분홍 때문이라고
서럽지 않은 꽃 있겠느냐고
분홍을 가득 흘려 넣은 봉투를 봉인해
그대 몸속으로 떨어트립니다

투둑, 붉은 능금이 떨어지는 소리

봄 별정우체국 드는 길에 서서
세상으로 나가는 길 잃고 말았습니다
분홍을 손에다 받아들고서

어떤 고별식

이상도 하지
시름시름 앓다 깊은 잠에 든 박태기나무
발밑에 수북이 쌓인 꽃잎들

알고 보니
살아서 못 피운 꽃 가는 길에 밟고 가라고

이웃 나무가 제 꽃잎 서둘러 지우면
바람이 부지런히 모아다
죽은 박태기나무 발아래 뿌려주는 것

바람의 발등에다 등을 달아주느라
달은 허공에서 한참을 휘어지는 것

가만, 저 소리
물끄러미 바라보던 길 건너 집 풍경이
슬며시 조종 울려주는 것

새가 베어 먹은 사과

사과나무에서 그는 사과 한 알을 땄다
새들이 먹다 두고 간, 입 자국이 붉게 번진 사과를

어서 따먹으라고 손짓하는 대로
사과의 익은 뺨을 우리가 돌아보는 사이
그가 한입 크게 베어 물었다

아삭아삭, 입 속을 걸어 나오는 사과 향기
사과나무가지를 딛고 가는 새들의 발소리처럼
허공을 건너가는 사과의 말

새가 먹던 건데
그러니 더 달콤한데

그의 사과나무 밑에 와서야 알았다

사과농사를 지어본 사람만이
사과나무가 일러주는 말을 알아듣고
새들에게 사과를 주어본 사람만이 새들이 먹던 사과를
그 붉은 입 자국을 달게 먹을 수 있다는 걸

〈

먹이고 기르는 건 사람이 아니라
자연이 하는 일이라는 걸

굴참나무 고요

몸속에 숨어 살던 작은 돌 하나
예고도 없이 나를 기습한 날
맨발로 거친 돌밭 오래 헤매다녔네
고통엔 간이역도 없고
바람도 꽃도 나무의자도 없는데
내 절망의 눈길과 딱 마주친

그렁그렁 나를 보고 있는 하얀 굴참나무
하마터면 눈물 날 뻔한
그 백색 고요

굴참나무 고요에 눈이 오시는데
고요를 지으신 이는 보이지 않는데

나는 와락 살고 싶었네

오간 것 누가 먼저인지
기쁨은 벌써 고통의 집에 와 있고
그 둘이 한 몸인 걸 내가 몰랐네
슬픔과 아름다움이 한자리인 것도

〈

굴참나무 고요에 눈이 오시는데

매듭

주문한 책을 따라 멀리 온
당초문 암막새* 서표 하나
덩굴무늬와 곡선 흐름에 넋을 잃다가
서표 한 귀에 걸린 쪽빛 매듭 고리에 끌렸다
엇걸어 마디 짓고 고를 내며 이다지도
정교한 꽃 매듭 지은이 누구일까

매듭은 짓는다고 한다
집을 짓고, 옷과 밥을 짓고, 시를 짓는 일
마음 쏟지 않으면 제대로 이루지 못하는 일
짓는 일을 잘해야 이룬 삶이라 말할 터인데
이 꽃 매듭같이 잔잔한 떨림이라도 전해 줄
내 삶의 매듭 몇 군데나 지어놓았을까

나무는 꽃과 열매로 제 매듭짓지만
선뜻 내놓을 매듭 내게는 없다
사랑하고 이별하고 아이를 낳고
그 폭풍 같은 시절의 매듭밖에

이제 내게 남은 떨림 다 모아

마지막 매듭 한번 잘 짓는 일밖에

당초문 암막새 한 귀를 물고
훨훨 날아가는 저 매듭 같은

*전통 기와 문양이 새겨진 암키와

그물을 깁다

이젠 빛바랜 나를 기우러 오지 않아요
푸른 파도 은빛물결도 오지 않아요
적막뿐인 내 앞에 당신이 멈추네요
이른 바닷길 서둘러 멸치 떼 잡아 올리던
그 첫새벽 떨림 아직 남아 있는데
잊혀져가는 게 두렵기는 해요
당신 눈에 눈물이 반짝 스치네요
등 뒤에 감춘 그물이 보여요
깁는 것도 잊고 세상 낚느라 닳아진
당신의 그물
해진 구멍 사이사이로
놓친 사랑도 잃어버린 시간도 보여요
그물에서 빠져 달아난 물고기는
다시 그물로 돌아오지 않아요
당신도 본 적 있지요
그물을 들썩이며 뛰어오르던 물고기
섬광처럼 빛나는 그 은빛 비늘에
허공도 잠시 눈이 멀던,
당신, 내게 물었나요?
삶이 그렇게 저물 수는 없을까

한 번의 눈부심처럼, 한 마디 잠언처럼
아, 이제야 그물을 깁네요, 당신

산이 보이는 집

그를 보러 가는 길에 비가 내렸다
산이 보이는 집 앞에서 그는 기다리고
일흔 그루 나무를 혼자 심었다고
어린 동백나무 푸른 잎이 젖는다고
그의 느린 말 사이로 비가 내리고
외로움도 연습이라고
집을 수리하고, 꽃을 심고, 산 아래 깃들어
비애의 그림자를 지우고 있다고
그가 심은 나리꽃이 창밖에서 흔들리고
유월을 쓸어 갈 듯 매미가 울고
십 칠 년 만에 땅속에서 나와 단 한 번
사랑하고 죽는다는
매미허물 여기저기 뒹굴고

허물을 벗어놓고 떠난 매미
떠남에 대해 우리는 안다 말할 수 있을지

산이 그의 잠을 지키러 내려오기 전에
외로움을 빌려 우리는 떠나고
그는 한 그루 나무처럼 빗속에 서 있고

위로

누가 그 집 베란다에 달아놓은 풍경이

생각난 듯 울음을 뚝 그친 건

바람의 짓이 아니다

밤 지나던 기차가 제 울음 한 자락을 보내

흐느끼는 풍경을 껴안았느니

한 울음이 다른 울음을 위로하는 순간

깊고 푸른 고요가

어둠에 잡힌 주름살 몰래 당겨놓네

한 잎의 배

엄마는 배를 타고 왔다
목적지에 닿기도 전에 난파된 배
엄마가 건져온 건
남쪽을 향해 웃자란 그리움만
파도가 두고 간 얼룩만
바람 맑은 날 불러내 그늘에 널어 말리면
먼 잠에서 돌아와 부신 눈을 뜨던
내 유년의 기억 속 그 얼룩들
꽃이라 부르기엔 상처 같고
상처라 부르기엔 꽃 같은
녹빛 물무늬 일렁이면 엄마는
한 잎의 배, 라고
몰래 잎을 지우는 나무처럼
혼잣말 넌지시 지우는데
그럴 때 엄마는 더 애잔하고
오래되어 부드러운 슬픔처럼
꽃 같기도 상처 같기도 한 흔적
애틋하게 손으로 쓰다듬고, 쓰다듬고

오늘에야 보네

한 잎 배를 타고 노 젓는 나를
작은 잎을 저어 저어서 출렁이는
바다 건너는 나를 보네

아버지의 육개장

아들이 좋아하는 육개장을 끓이려고 나물 다듬고 고기 손질하고 아내 직장에 전화를 한다
끓이는 순서 꼼꼼하게 일러준 아내는 마음까지 빠트리지 말라고 몇 번씩 다짐한다
자칫 달아오르기 쉬운 게 마음이어서 국물 맛이 너무 화끈하면 낭패라고
마음 엎어지지 않도록 하는 게 어디 쉬운 일인가
식지도 않은 육개장을 커다란 들통에 꾹꾹 눌러 담으며 아버지는 마음을 쿡 찔러본다
이제 열 시간 남짓 운전해 보스턴까지 나르는 일만 남았다
아들은 어떤 표정을 지을까
이것저것 따지지 말고 맛있게 먹어만 주면 되는데
그 출렁거리는 국물 싣고 열 시간씩 운전할 생각을 하다니 아들은 이런 아비마음 모른다
그저 퍼주고만 싶은, 그게 바로 사랑이라는 걸
아들아, 귀찮다 말고 주는 대로 받아먹기만 해라
그것이 세상 아비들 철없음이니
트렁크 안에서 출렁, 국물이 넘치는 줄도 모르고
마음이 엎어지는 줄도 모르고

발레리노

바람이 불었다
달빛을 밀며 그는 사뿐 솟아올랐다
구를 때 허벅지에 힘살이 불끈 돋았다
그의 몸이 날아오르자 허공이 물러나고
몸이 휘어지는 곳에서 달빛이 부서졌다
몸짓을 따라 팔과 가슴근육이 꿈틀댔다
그의 춤사위는
쾌활하나 부드럽고, 역동적이나 섬세해서
영혼을 심는 듯도 하였다
찬 달빛이 푸르게도 쌓여
벗은 몸은 빛의 옷을 입은 것처럼 보였다

허공으로 솟은 그의 몸이 다시
사뿐 지상으로 내려왔다
그 부드러운 착지

꽃이며 잎이며 열매를 다 보내고 난 후
적요를 입고서 춤을 춘다
겨울나무는

언어장애

가장 아름답게 저를 물들인 후
나무는 절정에서 잎을 다 지우고는
빈 가지를 흔들어 보인다
홀가분하다는 듯, 자유롭다는 듯

'여–보– ㅅ– 요'
느릿느릿 어눌한 말투로 불러놓고
언어의 집이 흔들린다고
그녀가 웃는다

어린아이가 처음 말을 배울 때처럼
가끔은 받침도 빼놓고 혀가 엉긴 듯
천천히 서툴게 말할 때
그녀 속에 어린아이가 있다
어찌나 맑고 순결하던지
'아이야!' 하고 부를 뻔했다

너무 많은 말을 세상에 흘려놓았다고
이제 말을 아낄 때라고

〈

아름다울 때 잎을 지우는 나무처럼
그녀의 말과 말 사이
스스스, 잎이 진다

꿈꾸는 북

그는 북채를 버리고 떠났다
떨치지 못할 질긴 어둠에 나를 가둔 채

울어본 기억조차 희미해
내 몸에는 울림의 흔적 아직 남아 있을지
잠든 소리의 정령 다시 깨어날 수 있을지

몇 겹 먼지를 털고
누가 어둠 밖으로 나를 불러내다오
소리가 되기 전 침묵에 갇혀
울려줄 때를 꿈꾸고 있다
북채가 내려칠 때 내 몸에서
바람 일고, 비 오고, 천둥번개 치던
열정의 그날들을 불러오고 싶다

누가 북채를 들고 나를 힘껏 두드려만 다오
오래 참았던 울음 천둥치듯 터져 나오고
갇혔던 장단 폭포처럼 쏟아지리니
둥두두둥, 두두둥둥둥
두드리는 대로 뜨거운 말이 되고 노래되어

너를, 너를 신명나게 하리니

나는 다시 활활 타오르는 북이 되고 싶다
어서 돌아와 내 혼을 깨워다오
북채를 버리고 떠난 사람아

홈리스

안개도, 연기도 아닌 것이
까만 씨를 보듬고 있는 씨방처럼
연막을 두르고 있다

맨홀에서 피어오르는 하얀 김
집 한 채 지으려고 피고피고 또 피는

그 흰 집 속에 씨앗처럼 동그랗게
누가 들어계신다

바람이 흰 문을 열고
그의 몸으로 와 잠시 들여다본다
덮고 있는 신문지가 펄럭 휘날렸다

겨울 찬 바닥에 누워
흰 김의 온기로 시린 밤을 견딘 이

와불이 따로 없다

비가 시작되고
우산은 아무 데도 없다

떨림

찻잔을 잡은 그의 손이 몹시도 떨렸습니다
찻잔이 떨리고 떨림을 받아내느라 받침 접시가 울고 갈색 차가 잔 밖으로 넘쳤습니다
그는 재빨리 찻잔을 놓고 손을 거둬들였지만 등 뒤로 손을 감췄지만
그 바람에 찻물은 철없이 또 흘렀지만
그의 떨림을 받아줄 내 받침접시가 없었습니다
보아서는 안 될 것, 차마 마주할 수 없는 것들 있습니다
창밖에는 벌써 어둠이 와 있고 눈이 오시느라 소리도 없이 눈이 오시느라 어둠 속 나무들도 말을 아끼고 세상은 더없이 고요했습니다
상처를 들여다보듯이 그가 어지러운 눈발을 바라보았습니다
눈은 내리다 그치고 차츰 그 흔적을 거두어가겠지만 더러는 잔설로 남기도 하겠지만
그가 앓는 사랑도 저 눈처럼 언젠가는 그치고
이슥한 산기슭 잔설처럼 오래 남아 있겠지만

눈시울 붉은 저녁이 있었다

큰일 치르는 외가로 가신 엄마
작은바다를 옆구리에 끼고 해거름에야 돌아왔다

보자기를 풀면 흩어지는 비릿한 바다냄새
작은바다는 출렁이느라 어깨가 훌쭉해져서는
포를 뜨고 남은 생선토막을
제 새끼처럼 보듬었다 놓았다 하며 일렁이고 있었다

손 빠른 엄마는 동동거리며
살보다 뼈와 가시가 더 많은 토막 위에
향긋한 양념장을 뚝딱 만들어 솔솔 뿌리고는
연탄화덕에 냄비를 올려 자박자박 졸여내면
온 집 안에 퍼지던 달차근하고 고소한 광어조림냄새

'가시 걸릴라, 천천히 씹어 먹어라'
엄마는 얇디얇은 살을 발라내
새끼들 숟가락에 올리며 정이 뚝뚝 묻어나는
살가운 한마디도 함께 얹어놓았다

엄마등불이 켜지면

가난한 밥상이 요술처럼 환해지는

허한 속에 바다 한 점씩 받아 넣던
눈시울 붉은 저녁이 있었다

오래 울고 나면

찬 개울물에 발을 담근 것처럼
뼛속까지 서늘해지는 느낌

비에 씻긴 산이
손에 닿을 듯 가까이 잡히는 것처럼
눈물에 씻긴 세상이
부시게 다가오는 느낌

마른 흐느낌이 간간이 어깨를 흔들어
남은 눈물을 털고
슬펐던 것들이 바닥에 가라앉아
더없이 고요해지면
참 맑은 힘이
내 안에서 나를 떠민다

아직 아무도 두레박을 내리지 않은
새벽 우물처럼 고일 일만 남은
길어 올릴 일만 남은
그 시린 힘

배롱나무 꽃이 울었다

어떻게 말해야 할까, 우리가 잃어버린 것들에 대해
배롱나무 꽃이 피었느냐고 아직도 나는 묻지를 못하는데

도요에 든 항아리처럼 잎과 살은 타고 정신의 뼈만 오롯이 남아 네가 깊이 숨어버린 그날
배롱나무 꽃이 울었다

그때 너를 본 건 TV뉴스 카메라에 잡혀 화면 가득 클로즈업 된 얼굴, 시위대 속에 섞여 구호를 외치는 너무도 낯익어 낯선 얼굴
불끈 쥔 앳된 주먹이 허공에서 맴돌고 있었지
너를 찾아 주말이면 서울로 오르내리던 막막한 길
마음이 온통 가시밭이던 그길
밖에는 배롱나무 꽃이 눈물처럼 피는데 꽃이 보이지 않는 그 아득함을 세상 어미아비들은 아느니
그늘진 데 하나 없던 어디에 세상을 향한 그리 단단한 옹이가 박혔던 걸까
친구들을 버릴 수 없다고 뒤에서 지키게만 해달라고 애원하는 네가 참으로 서러웠다

빈손만 남긴 채 손가락사이로 흘러내린 물처럼
네가 만져지지 않았다

배롱나무 꽃이 구름처럼 피던 날 바닷가 수도원에서 어렵게 너를 찾았을 때
바람 잔 나무처럼 네 가지는 흔들리지 않고 네 우듬지는 무섭도록 고요했다
누가 너를 도요 속으로 밀어 넣은 건지
한 시대가 할퀴고 간 상처는 사람에게서 어른거려야 할 삶의 무늬를 너에게서 지워버렸다
그 거친 물살 건너며 잃은 것과 얻은 건 무얼까
잃어버린 것들에 대해 우리가 슬퍼할 때 얻은 것을 감추는 사람은 누굴까

너에게서 흔들리던 그 빛나는 잎들은 이제 사라지고 없는데
만져지지 않는 영혼보다 바람에 몸을 뒤집던 너의 잎들을 우리는 다시 보고 싶은 것이니

어떻게 말해야 할까

상처란 치유되는 것이 아니라 더불어 살아내는 것이라는 걸, 잊은 것 같다가도 어느 날 문득 예리한 통증으로 살아난다는 걸

배롱나무 꽃이 피었느냐고 아직도 나는 묻지를 못하는데

■□ 해설

불꽃심장이 부르는 물의 노래

안차애(시인, 문학치료사)

모르는 시인의 시를 읽으면, 그리고 그 시편들이 좋아서 흥이 도도해지면 나도 몰래 시적 화자를 재구성하여 시인의 페르소나를 상상하는 재미가 쏠쏠하다. 나는 얼굴도, 나이도, 직업도, 취향도 모르는 권귀순 시인을 '물(水)지향성인 사람'이라 부르고 싶다. 물의 체취 물의 무늬 물의 소리 물의 감촉에 하염없이 민감한 사람, 물빛 청묵(靑墨)색을 좋아하는 사람, 그늘진 북편을 편애하는 사람 그리하여 나와 동병상련하는 사람으로 보았다. 툭하면 마른 손발을 부비며, 뜨거운 심화(心火)를 끓이는 사람, 그리하여 비 소리, 강물 냄새, 어둑한 그늘무늬를 향한 통증에 가까운 갈망을 좀 아는 부류의 사람들 말이다. 하여 시인에겐 모든 비는 백년 만에 오는 비이고 그의 시편들은 그리운, 아득한, 젖은 물길을 향한 구도의 또 다른 이름이다.

'미래파시'다 '자유연상시'다 은근히 유행을 타는 문단이지만 그래도 이 시대에 가장 많이 쓰이는 혹은 읽히는 시편들은 서정시들이다. 아마 시가(詩歌)의 형식이 남아있는 한 앞으로도 그럴 것이다. 이 서정 시편들은 여전히 시인의 자기 확인과 자기 표현에 포커스가 맞춰져 있다. 특히 서정시의 경우 시인 자신과 시적 주체인 화자가 겹쳐지는 경향이 많다. 권귀순 시인의 시편들도 다양하게 펼쳐지는 개별 이미지와 현상 등을 통해 시인 자신의 존재 근거이자 지향점이 되는 근원적 모티브(origin motif)를 상상하는 속성을 가지는데 시인의 경우 이 중심 이미지가 그리움의 대상이 되는 물이라고 할 수 있겠다. 결국 좋은 시란, 근원적 기억이나 개인 신화적 이미지를 구체적 형상으로 재현함으로써, 인간의 존재 형식에 대한 다양한 질문을 생성하면서 개인의 언어를 넘어 독자에게 가 닿아 울리는 언어행위라고 할 수 있을 것이다. 그런 의미에서 다양하게 변주되는 권귀순 시인의 시편들은 뜨겁고 열정적인 사라사테의 곡들과 서늘하고 리드미컬한 헨델의 수상곡류를 크로스오버로 듣는 듯한 열정의 감흥과 풍성한 위로를 동시에 준다. 요즘 유행하는 시 치료(poetry therapy) 효과가 이러할까 싶다.

1. 마른 꽃잎에 닿는 물의 입술

동의보감이나 명리에서는 사람의 스타일을 크게 목화토금수(木化土金水) 다섯 가지 기질의 가감으로 분류하는

데 권귀순 시인은 불의 기운을 많이 가진 분이 아닌가 한다. 이런 분들은 꽃을 피우듯 촛불을 켜놓듯 일과 공부에 최선을 다하고 주변 사람들에게 환한 온기와 자양을 준다. 그러자니 자신은 늘 입 안이 헐고 발등이 붓고 지나치게 동동거려 심장은 뜨겁고 마음은 고단하다. 하여 늘 자신을 시원하게 식혀줄, 마른 세포와 혈관을 틔워줄, 혹은 세례식처럼 마음을 청량하게 씻어줄 한 줄기 물을 그리워한다. 그리하여 시인에겐 그리운 이는 물과 같은 사람이요, 그리운 정경은 찻물 향기가 은은히 퍼지거나 폭포수가 시원스레 쏟아지는 풍경 속의 한때이다.

꽃차봉지를 열고 말린꽃을 꺼낸다
꽃잎마다 눈을 쓸어 감긴 듯
단단히 걸어둔 겹겹의 문
적막을 물에 넣는다
환히 반기는 물
적막을 깨우려고 가만가만 쓰다듬는
물의 자애로운 손
잔뜩 오므린 꽃잎을 부드럽게 핥아주는
물의 둥근 입
잠긴 기억의 빗장을 풀어보려고
소곤소곤 이름 불러주는데
방싯대며 나풀거리며
사부작, 사부작 물의 품에서 눈을 뜨는

재스민이 피어난다, 노랗게 피어난다
내 안에도 저런 물이 있다면
사랑도 시들기 전 꽃인 듯 말려두었다
다시 피웠으면 싶은데
생각을 툭, 치며 흩어지는
아, 재스민 향기

―「물에서 피다」 전문

마른 꽃차로 투사된 화자는 이미 안팎의 일과 인간관계에 치여 "단단히 걸어둔 겹겹의 문"이나 "잔뜩 오므린 꽃잎"이거나 "잠긴 기억의 빗장"이 된 몸과 마음인데 "부드럽게 핥아주는" "소곤소곤 이름 불러주는" "방싯대며 나풀거리는" 물의 혀와 손길에서 꽃의 눈을 뜨고 꽃의 향을 피우는 것이다. 말린꽃이 물속에서 가만히 눈을 뜨고 물을 머금어 꽃이 피어나고 재스민 향기 난분분 흩어지는 공감각적 묘사가 한 편의 세밀화 그리는 과정처럼 촘촘하다. 마치 시인의 곁에서 재스민 차 한 잔을 같이 흠향하는 듯하다. 하지만 시인의 물은 찻잔이나 자신의 뜰 안에 고여 있기만 한 물이 아니다. 더 크게 비약하고 더 넓게 세상을 이롭게 하는 물의 본류(本流)이다.

백년 만에 오시다니
기별도 없이 오시다니

하얀 맨발로 내 정수리를 딛고
불붙는 뺨을 지나
타는 입술, 목덜미, 가슴과 발끝까지
단내 나는 불모의 땅을
빗줄기를 몰고 뛰어 다니시네
백년 만에 오시다니
우르르, 우르르 쾅쾅, 오시다니
내게로 스며드는 빗방울
시든 뼈, 잠든 혈맥 흔들어 깨우고
내 몸 밖으로 마른 꽃씨 툭툭 터뜨려
열 손가락에서, 열 발가락에서
왁자지껄 꽃들을 피우시네

–「백년 만에 오시는 비」 부분

노자 도덕경에 나오는 상선약수(上善若水)의 구절, 가장 좋은 것은 물과 같으며 물은 세상을 이롭게 하면서도 다투지 않고 뭇사람들이 싫어하는 낮은 곳에 거하기를 좋아한다는 구절의 시적 구현이다. 자연은 불인(不仁)하여 긴 시간 더위와 메마름을 줄 수는 있지만 올 때가 되면 "데스밸리 사막"이건 "베데스다 골목"길이건 마르다, 후미지다 하지 않고 오는 것이다. 백년이나 된 듯한 갈증과 기다림에 시달린 화자가 이 고맙고 기꺼운 비를 우산도 없이 맨발로 달려 나가 정수리부터 온몸으로 맞는 것은 당

연한 일. "불붙는 빰" "타는 입술, 목덜미, 가슴과 발끝"까지 현대인들의 주요 증상인 번 아웃 증후군(Burn-out Syndrome)으로 거의 불모(不毛)가 된 화자의 심신에 이 비는 "시든 뼈, 잠든 혈맥 흔들어 깨우고 내 몸 밖으로 마른 꽃씨 툭툭 터뜨려" 주는 오아시스의 물줄기인 것이다. 지구상에 생명을 얻어 사는 생물치고 생존과 성장을 위해 물을 쓰지 않는 개체는 없겠지만 생활과 생존의 문제가 아니라도 물의 효용가치는 너무나 많다. 국내외 온천물이 나오는 곳들은 하나같이 손꼽히는 여행지로 부상하였으며, 옛 선인들은 갑자기 약이 없을 땐 미지근한 물을 만들어 백비탕이라 이름 붙여 정성들여 마시곤 했던 것을 보면 물은 치료제이기도 했던 것이다. 오늘날 과학자들이 조사한 바에 따르면 물 그 자체에 '바소프레신'이라는 치유 호르몬이 들었다고 하니 우리 몸의 70% 이상을 차지하는 물의 가치를 과학보다 몸이 먼저 알았던 것이다. 하지만 시인의 물은 좀 더 우주적 환원(還元)을 꿈꾼다. 나를 적시고 깨우는 물에서 메마른 대지와 몸을 구원하는 물, 나아가 생명이 잉태되고 소멸하는 장엄한 우주의 순환을 알리는 영매 또한 물인 것이다

만삭의 그녀에게서 문자가 왔다
—이슬이 비쳤어

이슬이 비친다
젖고 스미는 이 말
맨 처음 지은 사람의
울음 빛 마음이 만져진다
이 아름다운 상징에는
어렴풋한 슬픔이 묻어 있다

아기가 세상으로 오기 전
처음 보낸 전언이
이슬이라니
풀잎에 맺혔다 스러지는
이슬이라니
이슬로 왔다 갈 것을
아기는 이미 안다는 걸까

물에 있는 아기가 물로 보낸 말
이슬이 비친다

－「이슬이 비치다」 전문

시인에게 물은 웃음이고 울음이다. 아름다운 상징이고 금방 맺혔다 스러지는 소멸이며 물인 존재가 또 다른 물 같은 존재에게 보내는 출렁이는 전언이다. 때로는 '이슬' 같이 미세한 기미가 우주적 굉음보다 더 크게 울린다. 어미가 될 사람에게 그보다 더 크고 두려우며 울고 싶도록

감동적인 전언이 또 어디 있을까. “한 물결이 달려 나오”면 또 다른 물결이 “어깨를 들썩이는 환한 출렁임”을 만들고 때로는 “둑이 터져 넘치듯” 달려오는 격정의 파노라마를 만들기도 하는 것이다. 경험적 사실을 반추하여 우주적 물의 순환을 재구성한 아름다운 시편이다.

2. 떠도는 자의 노래

철학자 들뢰즈는 그의 명저 ‘천개의 고원’에서 문턱이 없는 매끈한 공간을 떠도는 유목민적 삶과 익숙한 체제와 문명의 홈 파인 공간에서 사는 정주민의 삶의 비교하며 끝임 없이 자신과 주변 환경을 새로운 배치 속으로 밀어 넣으며 탈주선을 그리는 유목민의 감응하는 삶의 태도를 은근히 혹은 노골적으로 고양시킨 바 있다. 권귀순 시인의 시집 속에는 데스밸리, 리히텐베르크, 이너하버, 포토맥, 메릴랜드, 버지니아, 온타리오 등등의 이방의 지명들이 툭툭 튀어나온다. 그런데도 낯설기는커녕 오히려 시인의 담백하고 서정적인 시적 분위기에 리드미컬한 변주가 되어 자연스런 호흡을 이룬다. 시인이 이미 새로움 속으로 자신을 밀어 넣는 것에 익숙한 정신적 실체적 유목민이기 때문인 듯하다.

느린 빛속에 길게 누워계셨다

다산한 여인의 저 넉넉한 얼굴

폭포의 큰 울음을 머리에 이고
올망졸망 아래로 섬들을 거느리고
거대한 몸을 누인 채 비를 맞고 있는
온타리오 호수

그녀의 다디단 젖줄이
섬과 도시와 숲, 새들과 물고기를 길렀다
먹이고 품는데 아낌없이 주고도
저리 무량한 얼굴
세상 어미들은 다 안다

—「천 개의 섬」 부분

캐나다 온타리오 호수의 천섬은 개인적으로 꼭 다시 한 번 가 보고 싶을 만큼 아기자기한 관광지였다. 천개의 크고 작은 섬들은 운치 있게 다닥다닥 붙었다 멀어지며 장관을 이루고 작은 유람선을 타고 섬 사이를 다니며 본 풍경들을 조금씩 다르고도 또 비슷해 카메라에 잡히는 장면들을 비교하는 재미도 남달랐던 걸로 기억한다. 시인도 미국의 거주지에서 가까운 캐나다 천섬부근을 여행하며 나이아가라 폭포의 풍부한 수량으로 천개의 섬과 주변의 생것들을 키우는 온타리오 호수를 거대한 어미로 환유하고 있다. 이미 큰물 건너 유목적 삶을 선택한 시인에겐 더 이상 생물학적 어미 혹은 삼면이 바다인 작은 반도국만이 모체가 아닌 것이다. 시인의 인식과 역량은 크고 깊어져 온타리오 호수도 포토맥 강물도 다 넉넉한 어미로 풍성한 것이다. 물론 "작은바다를 옆구리에 끼고" "보자기를 풀면 흩어지는 비릿한 바다냄새"를 품고 집으로 돌아와, "향긋한 양념장을 뚝딱 만들어 솔솔 뿌리는" 어머니가 차려주신 "눈시울 붉은 저녁"(「눈시울을 붉힌 저녁이 있었다」)있었기에 그 힘으로 긴 유목의 세월을 버틴 등뼈를 세웠으리.

젖고 있는 엠파이어스테이트빌딩
그 아득한 전망대에 올라서야
비의 등을 보았다
먼 불빛 끌어다 등에 업고는
바람이 떠미는 대로
이리 한 획, 저리 한 획
어둠에다 획을 긋는 빗줄기
누가 불러주는 말씀을 받아 적고 있나
그의 필법을 도무지 읽을 수가 없다
무슨 전언을 지상에 보내려고
저토록 간곡한 몸짓으로
캄캄한 허공을 밟고 있나
붓질을 비추려고 글썽이는 불빛 업고는

글을 쓰느라 엎드린 저 등
지상에는 없고 허공에만 있는
저 비의 등

－「비의 등」 전문

달리는 말 위에서도 고요하게 정좌하여 일상의 모든 일들을 해 내던 유목민 베두인족에게 가장 중요한 힘은 허리를 곧추세워 흔들리는 말 위에서도 흔들리지 않게 버텨내는 힘이었다. "어둠에다 획을 긋는 빗줄기"처럼 "지상에는 없고 허공에만 있는 비의 등"처럼 어둠과 허공을 지붕과 이웃으로 살아야 하는 지난한 삶을 버텨내는 등의 힘, 비의 등에 화자의 젖은 등뼈가 절로 오버랩 되는 형상화가 돋보인다. 몽골반점이 있는 누이들은 "연한 살이 굳기도 전에"업는 것부터 배운다. "검푸른 강물 가득/아기 업고 달리는 누이들이여" "그 풀빛 등에서 빗방울 같은 아이들이 자라고"(「빗방울 업기」) 유목의 누이들은 서러운 등줄기의 힘으로 어린 아우들을 업어 키우거나 미싱 페달 밟아 키우고 우렁우렁 강물이 깊어질 때쯤 자신들은 훌훌 큰 바다로 떠나는 것이다. 그래서 그녀들의 울음은 늘 물밑으로 흐르거나 고요의 속으로 젖어든다.

강물이 바다를 만나는 곳에 갔었다
강물은 언제 우나

저를 바다에 주어버리면서
흔적도 경계도 없이 고요하기만 하네
저 고요의 발에는
물갈퀴가 있다고 해야 하나
물 위에 유유히 떠 있는 물오리처럼
고요만 떠오르게 하고는
강물 깊은 곳에서는 울고 있다고 해야 하나
잔잔한 어머니가
어둠 속에서 몰래 울던 것처럼
모든 평온에는
안 보이는 물갈퀴가 있다고 해야 하나

–「고요의 속」 부분

과학자이자 철학자인 로렌츠 오킨은 눈은 우리를 바깥 세상으로 데려가지만 귀는 세상을 우리 안으로 데려온다고 말하였다. 물처럼 떠도는 것들은 언제 우는지, 어떻게 우는지 시인은 잠잠히 듣는다. 강과 바다의 시퍼런 경계에 서서도 "고요만 떠오르게 하고" 자신은 안 보이는 곳의 물갈퀴 질처럼 회오리치며 속울음만 삼킨 이들의 울음무늬를 짚어낸다. 시인은 보이는 것이 전부가 아니라는 사실을 너무 잘 알기에 들리지 않는 것을 들어내고야 마는 귀명창이 되는 것이다. 예부터 시인을 일러 곡비(哭婢)라 하였으나 들리지 않는 "고요의 속" 같은 것이나 떠도는 자의 희미한 울음소리 같은 것들을 듣는 깊고 그윽한 귀명창이야 말로 지혜의 시작이며 시인된 자의 가장 큰 덕목이라 하겠다. 오죽하면 '낭패'의 뜻이 남의 말이 전혀 들리지 않는 상태를 일러 말하는 것이라고 옛 선인들은 설파했겠는가.

3. 장엄하게 슬픈 몸의 향연

시인인 화자가 그리도 간절하게 희구한 물줄기는 사실 배롱나무 꽃이나 목련꽃처럼 어여쁜 꽃송이들을 무럭무럭 밀어 올리고픈 욕망에서인지도 모른다. 큰 두려움과 깊은 울음을 고요의 내부로 꿀꺽 밀어 넣고 참아내는 이유도 여릿한 어린 것들을 옹이 없이 키우고 싶은 마음 때문이었을 것이다. 하나 기울어지거나 비틀리지 않으면 인생이겠는가. 나의 생이든 꽃 같은 자식들의 삶이건……

어떻게 말해야 할까, 우리가 잃어버린 것들에 대해
배롱나무 꽃이 피었느냐고 아직도 나는 묻지를 못하는데

도요에 든 항아리처럼 잎과 살은 타고 정신의 뼈만 오롯이 남아 네가 깊이 숨어버린 그날 배롱나무 꽃이 울었다

(중략)

만져지지 않는 영혼보다 바람에 몸을 뒤집던 너의 잎들을 우리는 다시 보고 싶은 것이니

어떻게 말해야 할까

상처란 치유되는 것이 아니라 더불어 살아내는 것이라는 걸, 잊은 것 같다가도 어느 날 문득 예리한 통증으로 살아난다는 걸

배롱나무 꽃이 피었느냐고 아직도 나는 묻지를 못하는데

— 「배롱나무 꽃이 울었다」 부분

세상의 어미아비 된 자들은 자신의 결핍과 상처에는 나름의 객관성과 미학적 거리를 유지할 수 있다. 하지만 한사코 소담하게 피우고 싶은 자식들의 아픔이나 심신의 꺾임은 식지 않는 화인(火印)이 되어 "잊은 것 같다가도 어느 날 문득 예리한 통증"으로 되살아난다. "도요에 든 항아리처럼 잎과 살은 타고 정신의 뼈만 오롯이 남아"있고 "꼭 쥔 앳된 주먹이 허공에서 맴돌고 있"으며 "빛나는 잎들은 이제 사라지고 없는" 아이를 보는 마음은 "배롱나무 꽃이 울었다"뿐이겠는가. 세상의 모든 만화방창한 꽃들이 제 빛을 잃고 푸른 나뭇잎들이 일시에 먹먹한 시름더미가 되

지 않았겠는가. 그러나 부모의 가슴을 지지면서 아이들을 "도요 속으로 밀어 넣은" 모진 시절과 시국들이 있었다. 시대의 옹이를 순결한 가슴으로 막아내는 장엄하게 슬픈 몸의 향연이 있었기에 정치와 사회는 그래도 조금씩 진보하는 것이다. 하나 아직도 촛불로 녹여야 하는 겨울이 있고 울음의 부력으로 건져 올린 세월호가 있으니 언제쯤이면 "배롱나무 꽃이 피었느냐"는 안부를 환한 웃음으로 물을 수 있을까. 하지만 상처가 이력이 된 시인은 이제 고요하게 지금과 여기를 버티는 것만으로도 장엄에 이르는 비의에 다가간다.

찬 달빛이 푸르게도 쌓여
벗은 몸은 빛의 옷을 입은 것처럼 보였다

허공으로 솟은 그의 몸이 다시
사뿐 지상으로 내려왔다
그 부드러운 착지

꽃이며 잎이며 열매를 다 보내고 난 후
적요를 입고서 춤을 춘다
겨울나무는

―「발레리노」 부분

시인에게 매서운 겨울바람 따위야 역경이라 말 할 수도 없는 것이다. 오히려 "구를 때 허벅지에 힘살이 불끈" 솟아오르고 "팔과 가슴근육이 꿈틀"거린다. "달빛을 밀며" "허공이 물러나"는 역동적 춤사위에 젖어드는 발레리노의 미학적 경계에까지 나아간다. 뜨겁게 담금질하며 살아온 시간의 힘으로 찬 겨울 달빛조차 "벗은 몸은 빛의 옷을 입은 것처럼" 시인은 가볍고 시린 몸을 기꺼이 변용시켜 "솟구침"과 "착지"를 자유자재로 하는 춤의 사제가 되는 것이다. 이때 그의 몸은 더 이상 버티거나 견디는 몸체가 아니며 그의 몸 사위는 서글픈 감상이나 비손의 간구를 넘어선다. 뜨거운 불꽃 가슴으로 적요나 시림까지 변용, 생성되는 이 감응의 자리에 시인의 시편들이 있다.

부모의 생명수를 얻기 위해 천신만고를 겪어 낸 후 만인의 슬픔과 아픔을 달래주는 무신(巫神)이 된 바리공주처럼 시인은 이제 자신만을 위한 물줄기에의 갈망을 넘어선다. "백년 만에 오는" 간절한 빗물도 겨우 맛보는 "그늘 한 사발"도 세상의 "울음의 몸"들과 나누기를 원한다. "물기 시든 조약돌"처럼 "슬픔을 등에 지고" 있는 것들에게 "마음이 엎어지는 줄도 모르고" "흰 김의 온기" 같은 것을 나누고 싶어 한다. "책 한 권 등에 업고 날아가/사랑의 마법을 걸어보겠다는 듯"이 온기와 나눔을 "화살 한 채"에 장전하여 "푸르고 시린" 감동의 떨림까지 나누고자

하는 것이다.

그리하여 권귀순의 시편들은 휘고 "꺾인 손마디"처럼 아픈 꽃대이고 "뭉툭하고 두툼하고 큼지막한" 천수천안 보살의 손이다. "명주주머니에서 나는 풍금소리"처럼 가볍고 "나무냄새 나는 발등"처럼 절룩인다. "첫눈의 첫 냄새"가 나고 쿵 무너지는 "그믄 여자"의 마지막 울음소리가 들린다. 백 년 동안이나 달궈진 불꽃의 춤이고 잠든 혈맥을 흔들어 깨우는 장대비의 노래이다. 공감각적 카타르시스를 느끼고 싶은 이들에게 일독을 권한다.